POLITIQUES D'AUTREFOIS

Le Cte de Vergennes

et

P. M. Hennin

Directeur au département des Affaires étrangères
Membre libre de l'Académie des Inscriptions et belles-lettres

1749 — 1787

PARIS
Armand Colin & Cie, Éditeurs
5, rue de Mézières, 5

HENRI DONIOL
de l'Institut

POLITIQUES D'AUTREFOIS

Le Cte de Vergennes
et
P. M. Hennin

POLITIQUES D'AUTREFOIS

LE COMTE DE VERGENNES
ET
P. M. HENNIN

Droits de traduction et de reproduction réservés pour tous les pays, y compris la Hollande, la Suède et la Norvège.

Coulommiers. — Imp. PAUL BRODARD. — 492-95.

HENRI DONIOL
DE L'INSTITUT

POLITIQUES D'AUTREFOIS

LE COMTE DE VERGENNES
ET
P. M. HENNIN
DIRECTEUR AU DÉPARTEMENT DES AFFAIRES ÉTRANGÈRES
MEMBRE LIBRE DE L'ACADÉMIE DES INSCRIPTIONS ET BELLES-LETTRES

1749 — 1787

PARIS
ARMAND COLIN ET Cⁱᵉ, ÉDITEURS
5, RUE DE MÉZIÈRES, 5
1898
Tous droits réservés.

LE
COMTE DE VERGENNES
ET
P. M. HENNIN

Lorsque, en 1787, la mort vint frapper le comte de Vergennes, ministre secrétaire d'État aux Affaires étrangères, la direction du département politique dans cette maison, la principale alors pour le service du Roi, se partageait entre deux titulaires. L'un comme l'autre d'expérience éprouvée et d'un incontestable mérite. Le plus ancien, Rayneval, négociateur remarquablement actif, intelligent, sensé des préliminaires de paix de 1783 avec l'Angleterre; Joseph-Mathias-Gérard de Rayneval, frère cadet de l'ancien envoyé à Philadelphie. Le plus nouvellement appelé, Pierre, Michel Hennin.

Hennin, lui, avait été l'un des secrétaires de confiance du comte de Broglie dans la politique secrète de Louis XV, puis l'un des agents dévoués qu'elle compta jusqu'à la fin. Dans cette première partie de sa carrière, ses services furent appréciés d'excellents juges. Il avait l'esprit très ouvert. Il cultiva les sciences naturelles et même, étant jeune ou à heures perdues, un peu la littérature en ce temps-là usuelle des petits romans, des nouvelles en prose, des opuscules rimés. Il a été de plus un grand collectionneur et déjà un épigraphiste ; en 1786 il lisait à l'Académie, sur les caractères et les inscriptions runiques, l'un des mémoires précurseurs, dans l'ordre d'études qui a pour objet la recherche ou le déchiffrement des inscriptions orientales. Aussi, en 1785, Louis XVI créant par l'ordonnance du 15 janvier, dans l'Académie des Inscriptions et Belles-Lettres, une classe d'*Académiciens libres résidant à Paris* dont il désignerait personnellement les premiers titulaires, Hennin y fut-il nommé, avec Bailly, Camus, Sylvestre de Sacy et quatre autres.

Hennin institua l'Académie légataire de ses papiers. Ils sont, pour les dernières années de l'ancienne monarchie, une mine où fouilleraient avec profit les fureteurs de détails politiques et les chroniqueurs des

choses intéressant la science ou les arts.
De ce fonds, très varié et peu connu, appartenant à la bibliothèque de l'Institut, sont tirés les documents que l'on va trouver ici, et beaucoup des indications qui s'y ajoutent.

Hennin eut l'affection du comte de Broglie. C'est un titre. On en juge à la lecture de ce *Secret du roi* où, il y a une vingtaine d'années, M. le duc de Broglie retraça la vie de son arrière-grand-oncle avec l'agrément qui lui est propre et une justesse historique que les faits ont consacrée. Récit du dévouement, ardent autant que bien déçu et néanmoins infatigable, prêté par ce serviteur, plein de vrai patriotisme, aux velléités débiles et par cela même compromettantes de Louis XV, pour ouvrir à la France une conduite en Europe plus sensée et plus vigoureuse que celle dont la cour et les ministres faisaient suivre les voies.

Après le comte de Broglie, M. de Vergennes fut pour Hennin un ami déclaré et un soutien. Autre grand témoignage. Cette politique secrète, à laquelle ils s'employèrent l'un et l'autre, créa, en fin de compte, une sorte de personnel réservé de gouvernement, capable, le jour opportun, d'imprimer aux affaires une marche réparatrice. On pourrait s'attacher à l'étude de l'un des détails du dernier siècle moins importants, pour l'histoire, que celui de l'origine et de l'existence de ce groupe, sur la fidélité duquel s'appuya et reposa le travail de diplomatie en partie double de Louis XV.

I

LA POLITIQUE SECRÈTE

Conception singulière, cette politique d'en dessous l'officielle, comme parallèle, néanmoins sans cesse sacrifiée par son auteur. Au sein même des carrières publiques, cependant, il se trouva une volée d'hommes prêts à s'y attacher dès que l'entreprise s'en montra. Ils furent passionnés pour elle, ils demeurèrent presque tous sous son inspiration le reste de leur vie, ils se recherchèrent à la fin les uns les autres pour agir ensemble dans les conditions qui naquirent des circonstances et dans la mesure qu'elles rendirent possible.

D'où venait le mouvement qui fit cette union? N'avait-il pas existé un de ces courants qui influent sur les esprits à l'encontre de celui qui règne? Pourquoi le roi se croyait-il obligé de ne pas avouer qu'il y était lui-même, et pourquoi la plus vive animadversion exista-t-elle contre les acteurs et les adeptes? Il serait intéressant qu'on pût le dire d'une manière positive. On sait qu'à une certaine heure ce courant eut son centre au Temple, autour du prince de Conti et de Mme de Boufflers; on gagnerait, semble-t-il, à en savoir davantage.

Ce qui ressort de l'ouvrage *Le Secret du*

roi, c'est que dès avant la paix par laquelle fut terminée la guerre de la succession d'Autriche, lorsque l'éventualité de la vacance du trône de Pologne se manifesta, le prince de Conti fit choisir, dans le milieu ou dans le giron des familiers de son cercle, des ambassadeurs ou des représentants chargés de favoriser des visées cachées, auxquelles il avait rallié le roi à l'encontre et à l'insu du gouvernement attitré. Ces agents, là où ils étaient envoyés, devaient suivre une conduite différente de celle que ce gouvernement pratiquait, au besoin une conduite contraire ou bien la préparer. Il s'agissait, en tout cas, de réserver au prince ce trône près de devenir libre, et d'assurer par là dans le Nord un pied à la France. Les choses étaient dirigées ainsi depuis quatre années, quand le prince de Conti leur donna consistance en obtenant l'ambassade de Pologne pour le comte Charles-François de Broglie, commensal le plus choyé et le plus entreprenant de la résidence du Temple.

Vergennes paraît avoir été, dès son début dans la carrière, affilié à ce travail voilé, probablement avant qu'en 1750 il fût nommé ministre près l'électeur de Trèves. Pour l'histoire de cette carrière, qui a été aussi utile à notre pays qu'elle est encore peu généralement connue, pour les jugements à porter sur elle, il y aurait profit peut-être à ce que des documents se découvrissent sur ce cercle du Temple, et sur le travail politique qui trouva là son inspiration ou son abri. Hennin, lui, presque à ses commencements, avait été mis sur le chemin. Un attachement qui ne se démentit plus, et que font connaître les papiers par lui légués à l'Académie, naquit de relations confidentielles qu'il se plut, un peu plus tard, à rechercher respectueusement avec Vergennes, monté alors plus haut que lui. A la fin de 1764, ce dernier lui exprime avec effusion le souvenir qu'il garde de leur collaboration précédente, et l'affection qu'il lui en a vouée [1]. L'affaire de Pologne était alors définitivement perdue. Cette république avait été mise aux mains des Russes et de Frédéric II par l'élection de Poniatowski à la royauté, sous le nom de Stanislas-Auguste. Hennin, avec notre ambassadeur du moment, avait dû quitter Varsovie, où il venait d'être un temps résident de France. Le 2 novembre, Vergennes lui

1. 16 octobre et 2 novembre.

écrit de Constantinople, plein d'affliction de ces événements : « J'écarte tout ce qui « peut avoir trait aux objets politiques et « je me borne à vous remercier de l'amitié « et de la confiance que vous avez bien « voulu me marquer dans le cours de la « correspondance dont vous m'avez honoré. « La reconnaissance que j'en conserve ne « peut être plus vive et plus parfaite, et je « serais très flatté si les occasions secon- « daient mon empressement pour vous en « convaincre. » Souhaitant à Hennin, et lui disant d'ailleurs n'en point douter, « qu'il trouvât dans la justice du ministère toute celle qu'il était si fondé à prétendre », il ajoutait : « Daignez me conserver quelque « part dans votre souvenir, je le justifierai « toujours par ma fidélité à tous les senti- « ments que vous inspirez et qui animent

« si constamment le sincère et inviolable
« attachement avec lequel j'ai l'honneur
« d'être, etc..... » Le 14 juillet suivant, il
lui mandait encore : « Je ne puis trop
« vous répéter que rien n'affaiblira jamais
« l'impression que vous avez faite sur
« moi, et le vif intérêt que je prendrai
« dans tous les temps à tout ce qui vous
« regarde... »

Le ministre de Louis XVI montra bien que les sentiments dont, ambassadeur à Constantinople il témoignait ainsi à Hennin, étaient sincères. L'existence de ces deux auxiliaires de la politique secrète a été mêlée l'une à l'autre, si ce n'est que l'une fut celle d'un supérieur, l'autre celle d'un auxiliaire. Mais à cette distance respective ils se sont recherchés jusqu'au bout. De la part d'Hennin au delà même, en quelque sorte. Ce n'est pas s'écarter de Vergennes que de relater comment la carrière d'Hennin l'amena à se trouver placé, à la fin, très près de ce dernier.

II

CARRIÈRES ET VICISSITUDES

Les commencements d'Hennin avaient été ceux d'un minime employé de bureaux. Le 18 novembre 1749, le ministre Puysieux lui ouvrait la porte des Affaires étrangères. A cette date, Vergennes avait déjà neuf années d'ancienneté diplomatique; Hennin, jeune homme de vingt ans, fut « admis à travailler au dépôt à Paris, pour s'y instruire sous la direction de M. Ledrain ». C'était sur la recommandation du comte de Broglie. Le comte ne le perdit pas de vue. A la fin de 1752 il le demanda dans le cadre des auxiliaires qu'il emmènerait en Pologne. « Il est fort sage et très laborieux, écrivait-il pour cela au ministre [1]; quand il aura joint à la culture d'esprit qu'il a l'usage du monde et la connaissance des hommes, il sera fort propre aux places que les affaires réclament. » En l'employant, le comte s'empressa d'ailleurs de le former. Dès 1753 il voulait qu'on l'envoyât à Leipsig, sous prétexte de « l'instruire à fond de la langue allemande et du droit public ». Puysieux ne consentit pas à faire les frais du séjour d'Hennin dans cette ville [2]; mais en 1755 Roullié, son successeur, permettait qu'il

1. Lettre du 28 novembre.
2. Dépêche du comte, 6 août 1753, et réponse du 26.

« voyageât dans le Nord avec l'argent du roi ». Il l'adressait par suite directement à M. d'Havrincourt, ambassadeur en Suède, de chez qui, après onze mois, il rentrait à Dantzig. Il se retrouvait ainsi sous les ordres du comte de Broglie[1], son avenir était maintenant fixé.

Hennin revenait en Pologne juste au moment où le comte, ayant vu ses premières menées avec le parti français rester sans suite par l'irrésolution de Louis XV, reportait sur la maison de Saxe les espérances perdues.

Le comte de Broglie pensait qu'en faisant appuyer par les Polonais cette maison royale, on élèverait du moins un rempart contre la Russie, et que par là

[1]. Lettres du ministre (16 mai 1755) et du comte d'Havrincourt (26 août 1756).

les entreprises du roi de Prusse tomberaient d'elles-mêmes. Hennin avait passé une année et demie autour des agents de cette politique cachée, autour de l'ambassadeur de Suède surtout, qui en était un des fidèles. Il en revenait imbu. Aussi fut-il emmené à Dresde dans le moment critique où Frédéric II envahit la Saxe. Malgré les ordres soldatesques de ce grand contempteur de tout scrupule, le comte de Broglie, obligé bientôt de sortir de cette dernière capitale de l'ancienne Pologne, laissa Hennin comme chargé d'affaires de France auprès de la reine[1]. Affaires bien éventuelles! En tout cas, il avait la formelle prescription de ne quitter que contraint par la force; il fallut en effet qu'une

---

1. Octobre 1856.

escouade prussienne l'enlevât et le portât à la frontière [1].

Hennin se trouva dès lors comme destiné à ce qui pouvait survenir de ce côté de l'Europe. En attendant, on le nomma ministre à Gotha. Empêché de s'y rendre par les événements, il voyageait pour le roi en Hollande, en Suisse, en Italie, quand il fut mandé pour tenir à Versailles le bureau du premier commis Tercier (1758). Le prince de Conti s'était défait de la correspondance, jusqu'alors centralisée en ses mains, nécessitée par la politique secrète, et cette correspondance avait été confiée à Tercier. Celui-ci malade, on ne pouvait remettre son bureau qu'à quelqu'un chez qui tout serait en sûreté. C'est pourquoi l'on faisait venir Hennin.

[1]. Dépêche d'Hennin à Versailles, du 23 mars 1757.

Toutefois, le ministre d'alors était Bernis, près d'avoir pour successeurs Choiseul et Praslin. Les adversaires, à la cour, de ces menées, par eux redoutées sans doute et détestées en raison même, les avaient eus pour instruments ensemble : ne fût-ce que par jalousie ils seraient, eux, animés contre elle. Pensant faire cesser la correspondance, ils supprimèrent Tercier. Ils voulurent bien, seulement, faire d'Hennin le secrétaire de l'ambassade de Varsovie avec promesse de résidence. A la vérité, ils réduisaient à rien le royaume de Pologne ; ils l'abandonnaient d'une manière ouverte comme puissance intéressant la France : peut-être crurent-ils traiter Hennin comme ils avaient traité la correspondance et donner à ce dernier un rôle nul (1759). L'ambassadeur fut le marquis de Paulmy.

Mais le comte de Broglie fit garder celui-ci de toute connaissance des affaires secrètes. A l'insu du marquis, Hennin en devint le dépositaire. En 1762 il fut de plus, à titre de résident, chargé seul de la légation.

La politique non avouée dont le comte s'était fait l'âme comportait tout particulièrement le concours de la Turquie, celui aussi de nos alliés anciens dans l'Europe septentrionale, la Suède et le Danemark. A cause de cela Vergennes avait été promu à l'ambassade de Constantinople dès 1755, et le comte de Broglie s'était tenu en relations suivies avec lui, ainsi qu'avec les envoyés du roi à Stockholm, à Copenhague, à Berlin. Il importait de pouvoir jeter sur les derrières de la Russie non seulement la Porte, mais ensemble les souverainetés riveraines de la mer Noire et du Danube, tandis que les États scandinaves la maintiendraient au nord. Toutefois, quand Hennin se trouva en pied à Varsovie, ce plan, qui reposait sur l'amitié crue reconquise du roi de Prusse, venait d'être annulé par l'abandon de celui-ci, par son alliance avec l'Angleterre et par les faits qui avaient suivi. En conséquence, la France avait rattaché sa fortune à celle de l'Autriche. A elles deux, maintenant, elles devaient faire face aux nouvelles puissances septentrionales, et ces puissances étaient soutenues par la Grande-Bretagne, à peu près maîtresse ainsi du continent. Le comte de Broglie, dans son inébranlable constance, imagina que les combinaisons précédentes pouvaient être reprises avec Vienne, que l'on consentirait là à se refaire avec nous guide et protecteur des États qui avaient eu notre amitié. Vergennes et Hennin furent avisés par suite d'amener de nouveau nos alliés d'autrefois, dans le Bosphore et la mer Noire, à rechercher à Varsovie un point d'appui contre l'ambition de Catherine II. Alors Hennin rouvrit naturellement avec notre représentant auprès de la Porte les communications qui avaient été actives de sa part lorsque, de Pologne, il avait eu à le tenir au courant de ce qui se préparait ou se passait.

L'affection qu'on a déjà vu Vergennes montrer à l'auxiliaire dévoué du comte de Broglie s'était encore accrue. Le 14 juillet 1765, ayant appris de lui qu'on lui avait fait bon accueil lors de son retour à Versailles, il lui témoigne en ces termes le grand bien qu'il pense maintenant de lui : « ... Vous deviez vous y attendre par

« toutes sortes de raisons, et je dois en être
« moins surpris que personne, la confiance
« que vous avez bien voulu m'accorder
« m'ayant mis à portée de connaître la
« difficulté du rôle dont vous étiez chargé
« et la manière supérieure dont vous vous
« en êtes acquitté. Des talents aussi éprou-
« vés que les vôtres ne sauraient rester
« oisifs. Je me flatte, monsieur, que je
« serai bientôt dans le cas de vous devoir
« un compliment sur un changement
« d'état; je n'ai pas de peine à concevoir
« que ce n'est point vers la Pologne que
« vos vœux se tournent; vous avez vu com-
« mencer la révolution, vous auriez trop à
« souffrir d'en voir la consommation... »

Nouvelle expression de ces sentiments en 1772. A cette date les choses sont bien autrement changées. Hennin, en rentrant de Varsovie (fin de 1764), avait reçu une pension de 8 000 livres, faute d'une place disponible dans les postes de deuxième ordre, qu'on le déclarait « mériter de remplir »[1]. Mais, à la mort de Tercier, en 1767, le comte de Broglie, devenu quelque chose comme le ministre de ce qui subsistait de politique et de correspondance secrètes, avait fait nommer Hennin résident de France à Genève. C'était à ses yeux un poste de vigie où, avec le chargé d'affaires Gérault en Pologne, il compléterait le réseau d'action formé de Vergennes à Constantinople, de Breteuil maintenant en Suède, d'Havrincourt en Hollande, du consul Rossignol à Pétersbourg. Toutefois, il était arrivé que le duc de Choiseul, dont il a été dit avec vérité que les

[1]. Pièce du 13 janvier.

« mouvements lui tenaient lieu de prin-
« cipes », s'était cru en situation de
reprendre pour son compte les anciens
plans du comte de Broglie quand ils avaient
cessé d'être praticables. Regardant l'impuissante insurrection des confédérés de
Bar comme un signal à suivre pour faire
espérer de nouveau aux Polonais l'appui
efficace de la France, il avait voulu que la
Porte fût incitée vivement à y joindre le
sien. En conséquence il avait rappelé Vergennes; il ne le jugeait pas apte à réussir dans ces visées renouvelées, trouvant
qu'après avoir, dix années durant, fait
espérer à Constantinople un concours qui
avait toujours failli, sa correspondance
démontrait trop bien qu'aucun ministre
ottoman ne consentirait à se laisser abuser
par lui davantage.

Agitation dans le vide! Tombée peu après aux mains du duc d'Aiguillon, elle glissa dans celles d'aventuriers politiques. Le partage de la Pologne sous nos yeux, par notre propre allié l'Autriche de concert avec la Prusse et la Russie, devait en être bientôt tout le fruit. Les regards, à Versailles, s'étaient tournés par suite vers la Suède. L'anarchie du pouvoir y offrait à la Russie des chances de nous enlever ce vieil et essentiel allié dans la Baltique, comme, la Prusse aidant, nous avions perdu la Pologne. Dans l'étrange interrègne qui exista un moment aux Affaires étrangères, le comte de Broglie avait du moins obtenu du roi que Vergennes accompagnât à titre d'ambassadeur à Stockholm le prince de Suède, venu demander des conseils et pour qui la mort de son père rendait subitement

le trône vacant (mai 1771). Pendant ce temps Hennin était resté à Genève, sans but, « confiné, écrivit-il justement plus tard, dans la plus petite des sphères politiques ». Sphère en outre onéreuse, à ce qu'il paraît. En vue peut-être d'un rôle moins inutile, mais aussi en vue d'être mieux défrayé, il s'enhardit à remémorer à Vergennes leur commerce passé. Celui-ci lui marque aussitôt un intérêt que visiblement le temps n'a point diminué. Lui-même n'a encore abouti, trouve-t-il, à aucun bon résultat ; il cherche à consoler Hennin par cet exemple et par l'assurance, d'ailleurs, que des mérites incontestés garantissent à ce dernier l'avenir : « ... Je
« n'ai point d'effort de mémoire à faire,
« monsieur, pour me rappeler le temps où
« une plus grande proximité et des affaires

« communes animaient une correspon-
« dance qui m'a toujours fort intéressé. Je
« regrette que l'éloignement y ait mis fin.
« Ce n'est pas que je pusse goûter quelque
« satisfaction à vous entretenir des circon-
« stances qui m'environnent; je voudrais
« pouvoir me les dissimuler ou les oublier.
« Mais c'en serait une personnelle de pou-
« voir solliciter la confirmation de votre
« amitié. Je la mérite par la vérité de mes
« sentiments pour vous...

« Je vois avec peine que votre position
« n'est pas aussi heureuse que je le dési-
« rerais. C'est à peu près le cas de tous
« nous autres employés, mais des talents
« aussi éprouvés que les vôtres doivent
« vous donner la sûreté d'un meilleur
« avenir[1]. »

[1]. Stockholm, le 7 mars 1773.

Pour des fils de condition moyenne, montés aux emplois sans patrimoine et n'en ayant guère d'autre que leurs émoluments, la vie était fort chère. C'était le cas d'Hennin, fils d'un avocat au Parlement, neveu d'un subdélégué d'intendance et d'un procureur au bailliage où il était né[1], autrement dit un mince bourgeois de province. Du reste, les mieux arrivés de la noblesse n'en jugeaient pas différemment quant à eux. Sous le prétexte de la satisfaction que donnaient au roi leurs services, ils se faisaient saturer de pensions. Comme on n'en refusait pas absolument aux employés de roture, il y fut recouru pour Hennin plus d'une autre fois qu'à son retour de Dresde. En 1769, il lui en avait été alloué

1. Le bailliage de Magny, aujourd'hui en Seine-et-Oise.

une nouvelle de trois mille livres. Une de plus lui était nécessaire en 1773; de Versailles où il est en congé, il prie Vergennes, à Stockholm, de le faire payer par des débiteurs à lui qui se trouvent en Suède. « La « place est très onéreuse », disait-il, et sa lettre précisait ses précédents rapports de correspondance avec l'ambassadeur. « Il a
« été un temps où je me faisais un plaisir
« comme un devoir de correspondre avec
« V. E. Mes lettres alors pouvaient avoir
« quelque intérêt pour elle. J'y traçais de
« mon mieux des événements dont la suite
« fixe aujourd'hui les yeux de l'Europe et
« qui pourront même être regardés comme
« la source de plus grands malheurs. Au-
« jourd'hui, confiné dans la plus petite des
« sphères politiques, je n'ose plus me pré-
« senter à V. E., certain de ne pouvoir

« fixer son attention... » Toutefois, sur l'indication, donnée personnellement par le comte de Broglie encore au jeune roi Louis XVI, l'ambassadeur en Suède remplace bientôt à Versailles le successeur de Choiseul; dès ce moment tout sourit à l'ancien secrétaire du comte. A peine installé au ministère, Vergennes est chargé de rendre compte au roi de la correspondance secrète et du rôle qu'y avait rempli le comte de Broglie. Une note trouvée dans les papiers de ce dernier et concernant Hennin, lui sert pour faire ajouter une autre pension de trois mille livres à celles dont le résident de Genève jouissait déjà (20 août 1774)[1]. La note dont il s'agit por-

---

1. Le roi ne signait pas encore de son nom ou par *approuvé*, comme un peu plus tard, les propositions qu'il agréait; il écrivait *Bon*, en marge ou au pied.

tait : « Employé dans la carrière depuis
« 22 ans. Avait été auparavant dans les
« bureaux des Affaires étrangères. Il n'a
« été mis dans la correspondance secrète
« du roi que lorsqu'il retourna pour la
« deuxième fois en Pologne en 1761.
« Connu de M. de Vergennes. A des con-
« naissances en bien des genres. Il a sou-
« vent été question de lui pour premier
« commis. » Il avait été essentiel, à cause
de la vive prévention du jeune souverain
contre la correspondance secrète, d'amoin-
drir la part qu'Hennin y avait prise.

Cependant, Hennin resta encore à
Genève. Les circonstances y avaient agrandi
sa situation. Elles avaient fait de lui un
correspondant de Voltaire, elles allaient y
rendre sa présence utile aux vues que le
roi suivrait désormais dans les rapports

avec les Cantons suisses. Vergennes, ministre, l'y couvrait d'ailleurs de son intérêt. Il leva notamment les obstacles sans nombre présentés, en ce temps-là, pour un représentant de S. M. Très Chrétienne, par le projet, où fut Hennin, d'épouser une protestante; en 1775 le résident put, avec l'autorisation de son souverain, devenir le mari d'une personne de la religion genevoise. Deux années après, le premier commis Gérard, dont le concours avait été déjà précieux et devait le devenir davantage dans la politique entreprise grâce à l'insurrection des Colonies Anglaises ayant été envoyé auprès du Congrès des États-Unis, le comte de Vergennes s'empressa d'appeler à côté de lui Hennin. Ce fut pour celui-ci une situation plus haute et plus sûre que sa brève suppléance de Tercier.

Il eut d'abord à titre intérimaire la moitié de la succession de Gérard. Nul n'était comme lui au courant de l'Europe dans les données d'alors, nul ne conduirait mieux au gré du ministre la correspondance qui s'y référait, de même que personne n'était aussi préparé que Rayneval, l'autre Gérard, à remplacer son frère pour celle d'Amérique, à laquelle il avait été associé du premier jour. Un an après, Gérard étant revenu malade de Philadelphie, cette sorte de communauté avec Rayneval dans le poste de premier commis, cheville ouvrière de la direction politique, fut sanctionnée pour Hennin d'une manière définitive [1].

1. C'est le 14 mai 1778 qu'Hennin fut promu à l'intérim de Gérard. A cette date, un rapport au roi fixe les émoluments de l'emploi. Ce rapport, auquel Louis XVI a mis son *Bon*, dit : « Attendu que le sieur Gérard sera suppléé « pendant son absence tant par le sieur Gérard de Ray- « neval son frère que par le sieur Hennin... » Le 4 avril 1779,

Ils en jouissaient encore ensemble en 1787, quand Vergennes mourut.

la situation est régularisée tout à fait par un autre rapport, également revêtu du *Bon* du roi, allouant à Hennin un traitement de 20 000 livres. On y lit que « le sieur « Hennin, ci-devant résident du roi à Genève, a été appelé « il y a près d'un an pour remplir pendant la mission « du sieur Gérard auprès des États-Unis de l'Amérique « les fonctions dont ce dernier était chargé en qualité de « chef de l'un des bureaux des affaires étrangères ».

III

AU DÉPARTEMENT DES AFFAIRES ÉTRANGÈRES

Le ministre de Louis XVI n'avait pas eu seulement à refaire la politique extérieure de la France; l'instrument d'action lui-même, le département ministériel d'où les instructions devaient partir et où les informations convergeaient, était à organiser aussi lorsqu'il fut appelé à le conduire. Peut-être cet instrument d'action n'avait-il consisté, jusque-là, que dans des bureaux mal reliés entre eux. Il y existait si peu de classement qu'on pouvait difficilement se remettre sous les yeux la correspondance antérieure. Tant de pièces manquaient que, même en 1779, le ministre était obligé de se faire envoyer de Madrid, faute d'en retrouver trace, la copie des dépêches échangées par Choiseul pour le Pacte de famille.

Au reste, l'idée de la réunion des pièces en archives, c'est-à-dire l'institution du « dépôt », ne datait pas encore d'un siècle. On ne lit point sans étonnement, dans le rapport que Napoléon se fit présenter en 1809 par la section de l'Intérieur du Conseil d'État sur l'organisation des agents diplomatiques, qu'on ne s'était avisé de former ce dépôt qu'à la fin du siècle précédent. Henri IV, avec lui ou pour lui

Sully, en avaient bien indiqué le plan ; mais des ordres de Louis XIV seulement avaient pourvu à l'exécution. Auparavant, les affaires restaient une sorte de chose personnelle. Ce n'est guère qu'en 1710 que la conception du monarque fit ériger en un véritable organe d'État la collection des pièces qui concernaient ces affaires ; malgré cela, c'était resté jusqu'alors, a écrit l'un des historiens les plus compétents de cet instrument politique, « une bibliothèque de manuscrits plus ou moins restreinte, plus ou moins agrandie, d'autres fois négligée, transmise bénévolement de prédécesseur à successeur [1] ». Cependant, les soins y avaient presque autant manqué, bientôt, que précédemment. En 1749, quand

1. Armand Baschet, *Histoire du dépôt des archives des Affaires étrangères.*

Hennin y reçut accès, le « dépôt » n'était guère qu'un assemblage assez confus de papiers dont quelques jeunes gens comme lui s'exerçaient à faire des analyses. Bien qu'il eût été confié un moment à Tercier; bien que transféré de Paris à Versailles, en 1763, dans un local construit exprès; bien que remis à un gardien familier avec les documents qu'y versaient les bureaux[1], la diplomatie était trop redevenue une œuvre particulière, trop l'affaire d'un ministre, du roi lui-même ou des partis de la cour, pour que ce dépôt fût regardé suffisamment comme l'endroit où l'on se ferait un devoir de tenir le travail antérieur à jour et d'assurer la tradition.

L'avènement de Louis XVI fit cesser ces

---

1. Ce gardien fut M. Sémonin, avec le titre de *Chef du dépôt général des Affaires étrangères*.

errements malheureux. Le personnel politique ou administratif du règne apporta-t-il avec lui l'ampleur de conception gouvernementale de Louis XIV? ce n'est pas ici le lieu de répondre à cette interrogation. Il faut dire, en tout cas, que ce personnel arrivait pénétré du prix qui s'attachait aux méthodes dont la conception de 1710 impliquait l'emploi. Il entendait faire revivre ces méthodes et les suivre, pour réparer le mal provenu de l'insuffisance de Bernis, de la légèreté et de l'infatuation de Choiseul, des complaisances d'Aiguillon. Vergennes vit immédiatement quels médiocres services offraient les archives de son département. Son premier soin fut de demander des exposés présentant l'historique des négociations passées. Il prescrivit tout d'abord celui des négociations qui avaient eu lieu avec les puissances de l'Europe jusqu'à la mort de Louis XV; de là, la suite de mémoires de Prieur, qui forment, dans le dépôt actuel, une quarantaine de volumes [1]. Il autorisa des recherches dans le dépôt des Colonies (Moreau de Saint-Méry, qui les fit étant devenu garde du dépôt [2], les a publiées à Philadelphie en 1796-98); on apporta les papiers de Bertin, dont la charge de ministre pour le Commerce et l'Agriculture, ce qui comprenait à cette époque presque toute l'économie publique, s'était confondue dans celle de Vergennes. Les quatorze années de ministère du secrétaire d'État ont d'ailleurs, à elles seules, accru singulièrement de correspondances les cartons du dépôt.

1. Prieur eut pour cela le titre d'historiographe des Affaires étrangères.
2. Moreau de Saint-Méry succéda dans cette charge à Sémonin.

Toutefois, pour l'homme d'État que Vergennes se sentait être et qu'il fut, il y avait une autre œuvre essentielle, c'était la reconstitution du département lui-même. Bien peu étaient devenus ministres avec autant d'expérience antérieure que lui, l'esprit aussi formé non par les habiletés ordinaires qui s'acquièrent dans la fréquentation des cours, mais par la diplomatie effective. Près de dix années passées en Portugal, cinq en Allemagne, presque quinze à Constantinople; la vue ou la préparation de la plupart des négociations si diverses, ouvertes ou secrètes, qui avaient rempli ce tiers de siècle; l'épreuve des faits malheureux qui s'y étaient déroulés : de tels antécédents lui donnaient singulièrement plus d'horizon que depuis longtemps on n'en avait eu avant lui. Entré avec la pensée de rétablir la maison de Bourbon, autrement dit la France, dans son ancien rang en Europe, faisant bientôt de cette perspective son but avoué et de tout moment, il lui fallait un instrument dont les organes le servissent, à l'heure exacte, dans toute l'étendue et tous les détails que son regard embrassait. Vergennes organisa en conséquence ce qui paraît ne l'avoir guère été jusqu'à lui : le ministère des Affaires étrangères.

Hennin nous a laissé l'exposé de cette organisation ; on va voir comment était venue l'occasion pour lui de l'écrire. Le plan que son travail fait ressortir ne s'était pas, sans doute, réalisé d'un seul jet ; on avait dû le remplir à mesure, suivant le besoin. A coup sûr, pourtant, il avait pu, déjà, être pratiqué plus ou moins avant le moment où Hennin le retraça. Ce moment fut celui où le gouvernement de Louis XVI avait atteint son apogée politique. La paix de 1783 avait sanctionné avec éclat la défaite de l'Angleterre, l'établissement des États-Unis, l'influence récupérée par la France sur le continent. On avait donc touché le but, et n'eût été qu'il avait fallu y arriver par la guerre, parce que c'était par la guerre que la Grande-Bretagne nous avait déprimés, pour tout le reste on y était parvenu au moyen de la seule action morale. Plus d'ambition voulant s'imposer, plus de visées dominatrices. L'esprit de justice inspirant la conduite, les bons offices à chaque occasion, la pacification amenée par suite dans les conflits qui étaient les plus gros de dangers : ce spectacle tout nouveau le gouvernement du roi l'avait donné, restituant à la France une situation perdue depuis quarante ans.

A cette heure-là pour la seconde fois, ces bons offices procuraient la paix à la Russie avec la Porte ottomane. Catherine II s'étant empressée d'exagérer à son profit les conséquences de la pacification précédemment obtenue par le roi pour elle à Teschen, la Turquie, exaspérée, inquiète, se remettait en guerre. Mais le ministre, en faisant agréer une fois de plus la médiation de son souverain, venait de ramener promptement l'entente. Entre les deux cours, presque entre les deux pays, il en était provenu un engouement véritable. Les documents qui se publient aujourd'hui sur l'Impératrice font voir qu'elle était frappée de la direction puissante due à la méthode de Vergennes, autant qu'à la justesse et à la mesure de sa diplomatie. Dans les effusions de confiance qui animaient les deux gouvernements, l'ambassadeur de Russie demanda à Versailles qu'on le renseignât sur la manière dont était constitué ce ministère des Affaires étrangères où tout paraissait si bien ordonné, et sur le système d'après lequel le travail s'y effectuait.

Hennin avait les affaires du Nord; ce fut lui, naturellement, qui fournit la réponse. Le 10 avril 1784 il put en faire tenir à l'ambassadeur prince Bariatinski le manuscrit, déjà attendu par ce dernier depuis un certain temps. Ce ne fut pas une pièce de chancellerie; il n'y a dans la correspondance aucune trace ni de la demande du prince Bariatinski, ni du mémoire, ni de son envoi. Les papiers d'Hennin seuls sont en cela la source; une copie très nette de sa minute s'y trouve. Il l'adressa personnellement à l'ambassadeur, et c'est sa lettre d'envoi qui en précise la date. Cette lettre constate, en tout cas, que Vergennes avait approuvé le mémoire. Il y avait même amoindri ce qu'Hennin y marquait du temps consacré chaque jour par le ministre à son cabinet, faisant écrire sept heures au lieu de onze qui étaient la réalité. On avait tenu à ne point donner à la pièce le caractère officiel; cependant Hennin disait à l'ambassadeur d'en faire « l'usage qu'il trouverait à propos », et les termes dans lesquels il l'adressait au destinataire laissent de soi penser qu'on souhaitait de la voir servir à l'avantage des rapports entre les deux États. Il écrivait que ses renseignements n'iraient pas jusqu'à la chancellerie de

Pétersbourg comme si l'on espérait qu'ils y seraient portés. Rien ne dément, au reste, qu'elle ne les ait pas un peu mis à profit :

Versailles, le 10 avril 1784.

Mon Prince,

« J'ai l'honneur de vous envoyer le
« mémoire sur l'administration des Affaires
« étrangères en France. M. le Cte de Ver-
« gennes n'en a retranché qu'une vérité
« concernant le tems qu'il passe dans son
« cabinet, que j'avois estimé à 11 heures
« par jour.

« Si quelqu'un, mon Prince, trouvoit
« singulier qu'à ma place on ait imaginé
« de rédiger un pareil mémoire pour être
« envoyé en Russie, et que le Ministre l'ait
« approuvé, on lui répondroit qu'il n'est

« nullement indifférent que dans deux États
« qui ont des rapports nécessaires l'un
« avec l'autre, rapports que même malgré
« les hommes le poids des choses rendra
« de plus en plus essentiels, il y ait une
« sorte d'uniformité dans la manière de
« traiter les affaires.

« Quoi qu'il en soit, mon Prince, c'est à
« vous que je remets ce travail dont j'avois
« parlé à M. Cholinski et que diverses cir-
« constances m'ont empêché d'achever
« plus tôt ; vous en ferez l'usage que vous
« jugerez à propos. S'il eût été destiné à
« aller directement à la Chancellerie Russe,
« j'y aurois mis pour épigraphe ces vers
« d'Horace :

> « *Si quid novisti rectius istis candidus*
> « *Imperti si non his utere mecum.*

« J'ai été très aise, mon Prince, de

« trouver une occasion de faire quelque
« chose qui vous fût agréable ; c'étoit la
« moindre marque que je puisse vous don-
« ner du sincère et respectueux dévouement
« avec lequel j'ai l'honneur d'être, etc. »

L'objet d'Hennin, dans cet exposé, se
borna à « la manière dont le département des affaires étrangères était réglé en
France ». C'est l'intitulé de son mémoire.
Autrement dit, il entend fournir des indications pures et simples. Seulement, il
remonte jusqu'au cabinet du roi. Il explique
le rôle que remplit le ministre, sa présence
au sein des divers conseils, aux comités,
l'administration par lui des provinces de
son ressort. Après quoi, il énumère les
bureaux entre lesquels se répartissent les
affaires ; il détaille le fonctionnement de

ceux qui sont particulièrement politiques, puis l'ordre du travail des secrétaires; il précise avec minutie les heures d'occupation, l'emploi du temps, la rédaction des dépêches et leur expédition, l'analyse et les sommaires qu'on en fait, la table et les fiches qui en sont dressées. Enfin il s'étend sur le « dépôt », sur son contenu et sur son utilisation par le ministre, sur les moyens pris pour en entretenir et en accroître les fonds. Voici, exactement transcrite, la pièce envoyée au prince Bariatinski après avoir été soumise à M. de Vergennes. Comment était organisé le grand rouage de la politique monarchique, en cette fin du dernier siècle où la monarchie elle-même allait disparaître, on le voit là explicitement.

Mémoire sur la manière dont le département des Affaires étrangères est réglé en France.

1

Du Ministre.

Le Secrétaire d'État des Affaires étrangères est toujours ministre d'État, parce que le Conseil d'État qui s'assemble deux fois la semaine en présence du Roy étant principalement occupé à entendre le rapport des dépêches des ambassadeurs et ministres de Sa Majesté au dehors, et à discuter les objets politiques, c'est ce ministre qui y fait lecture des dépêches et des mémoires sur lesquels il faut statuer, et qui propose tout ce qui tend au bien du service du Roy dans cette partie.

Outre le travail des Affaires étrangères, le ministre de cette partie est encore chargé de l'administration de quelques provinces, pour lesquelles il a un bureau particulier. On verra par les détails cy-après, à l'article *Ordre du travail*, que ce ministre est au moins sept heures de journée dans son cabinet. Ce qui, avec le temps du conseil d'État, du conseil des dépêches, des comités, fait assurément une vie très laborieuse.

Ces comités sont des assemblées des ministres entre eux pour traiter des affaires les plus importantes, politiques ou militaires, avant de les porter au Conseil d'État, ou avec les conseillers d'État en activité pour délibérer sur les affaires majeures qui doivent être jugées au conseil des dépêches ; ils durent souvent plusieurs heures.

2.

Des bureaux des Affaires étrangères.

Sous les ordres du ministre des Affaires étrangères sont quatre bureaux :

Deux bureaux pour l'expédition des dépêches et de toutes les affaires publiques et particulières relatives aux pays étrangers;

Le bureau des grâces et des finances du département;

Le bureau du dépôt des papiers.

3.

Des bureaux politiques.

A la tête des deux premiers bureaux sont les deux secrétaires du Conseil d'État. Ils ont été appellés premiers commis jusqu'en 1776, que le Roy changea leur titre pour leur donner le même que portent en Espagne ceux qui tiennent la plume dans le bureau politique. Ils sont nommés et brevetés par le Roy et ont droit d'être présentés à Sa Majesté lors de leur nomination.

On les choisit d'ordinaire parmi les anciens secrétaires d'ambassade et particulièrement parmi ceux qui ont vu un grand nombre de cours.

Autrefois on distinguait les deux bureaux politiques en bureau du Nord et bureau du Midi. Depuis quelque temps on affecte à chaque secrétaire du conseil la correspondance des pays dont il a une connoissance particulière. Le reste est divisé entre eux de façon qu'ils ayent à peu près un travail égal.

Ils ont sous leurs ordres chacun sept ou huit commis et, depuis quelque temps, deux ou trois surnuméraires; ceux-ci sont des jeunes gens qui se destinent à suivre les ambassades ou à rester dans les bureaux. On a reconnu que cet usage avait des inconvénients et il n'y a pas d'apparence qu'il subsiste lorsqu'on aura placé ceux qui existent actuellement.

Les secrétaires du Conseil d'État et les deux autres chefs de bureau ont le choix de leurs commis, parce qu'ils en répondent. Ils doivent choisir des personnes ayant de l'éducation et des mœurs, Gentilshommes ou fils de gens d'un état honnête.

Les appointemens des deux secrétaires du

Conseil d'État sont de 20 000 francs. Ils ont de plus 3 000 fr. pour frais de voyage et une gratification sur le produit de la *Gazette*, sans compter les grâces qu'ils peuvent avoir obtenues pour des services antérieurs.

Le sort des commis est proportionné à leur ancienneté. Les derniers ont de fixe 3 500 fr., des gratifications de 600 fr. pour les voyages et d'autres gratifications extraordinaires dans certaines occasions.

Il y a de plus un jurisconsulte qui tient aux deux bureaux politiques, et qui doit être parfaitement instruit du droit public de l'Europe, de celui d'Allemagne en particulier, et des formes de tous les actes sur lesquels la politique repose. Cette place procure un fort bon traitement.

4.

Ordre du travail.

Les chefs de bureau, comme les commis, sont obligés d'être au bureau depuis neuf heures du matin jusqu'à deux heures après midi. Le soir il n'y vient que deux commis par bureau à moins d'un travail extraordinaire.

Chaque jour, vers midi, un des couriers du ministre part pour porter les lettres du département à Paris; à deux heures celui qui était parti la veille rapporte celles qui sont arrivées à la poste de Paris.

Après dîner, les secrétaires du ministre ouvrent ses lettres, excepté celles timbrées *pour vous seul.* S'il y a du chiffre, ils le portent au bureau. Ils mettent au-dessous de la date de chaque lettre le jour de son arrivée et si c'est par courier ils en font mention au haut de la première page de chaque lettre ou mémoire; ils inscrivent le nom du secrétaire du Conseil d'État auquel elle doit être renvoyée.

Vers les cinq heures le ministre entre dans son cabinet, lit les lettres, en ordonne le renvoy à chaque bureau.

Le matin, vers neuf heures, les deux secrétaires du Conseil sont appelés chez le ministre.

Ils lui rapportent tous les papiers qu'il leur a renvoyés la veille et les lettres chiffrées. Ils prennent ses ordres pour les réponses aux affaires courantes. Quant aux dépêches, le Ministre les leur donne le lendemain de chaque conseil en leur disant ce qu'il a été résolu d'y répondre.

Les secrétaires du Conseil d'État peuvent se dispenser de venir au bureau l'après-midi ; ils travaillent chez eux et ont chaque soir à lire les papiers que le ministre leur renvoye pour pourvoir lui en rendre compte le lendemain matin. Ce sont eux qui font toutes les minutes, à quelque correspondance près que le ministre se réserve. Chaque jour, avant de quitter le bureau, ils les lui envoyent pour les approuver, ce qu'il fait le soir, après avoir lu les papiers qui sont arrivés à deux heures.

Les minutes approuvées sont envoyées aux commis, qui les expédient soit le soir, soit le lendemain matin.

Ainsi le ministre lit deux fois toutes les

dépêches, savoir, à leur arrivée et au Conseil, et toutes les réponses au moins une fois; car lorsqu'il y a des affaires importantes les minutes même sont portées au conseil, quelquefois même elles ne sont expédiées que lorsque le Roy a mis au bas de sa main *Approuvé*.

Toutes les affaires où il y a besoin du concours de deux départements se traitent par écrit. Le ministre des affaires étrangères envoye copie au ministre de la marine, par exemple, des lettres, mémoires ou notes des ministres étrangers sur les faits relatifs à la marine, lui demande son avis ou des renseignemens, le prie de prendre les ordres du Roy.

Il se sert ensuite de cette réponse pour faire la sienne au ministre étranger, soit qu'il la lui communique *in extenso*, soit qu'il en fasse le résumé. Cette méthode multiplie beaucoup les écritures, mais elle donne une grande consistance au travail et prévient les erreurs.

Les papiers sont divisés entre les commis

de chaque bureau. Ils sont chargés chacun de garder et tenir en ordre ceux relatifs à trois ou quatre cours pour l'année courante et précédente.

Tant qu'une affaire n'est pas terminée, ils tiennent dans des enveloppes séparées tous les papiers qui y ont rapport, rangent ces enveloppes par ordre alphabétique, de façon que lorsque le chef a à travailler sur un objet il trouve sur-le-champ tout ce qui y a rapport.

Au bout de deux ans les papiers de chaque bureau sont remis par ordre de dates dans des cartons fermés, étiquetés du pays et de l'année, et de tems en tems on envoye au dépôt des affaires étrangères ces cartons de façon qu'il n'y a jamais dans les bureaux que les dix ou douze dernières années des correspondances sur chaque pays.

Lorsque les commis ne sont pas occupés des expéditions, ils font des tables des correspondances. C'est la partie la plus pénible de leur travail mais aussi la plus utile.

A mesure que les dépêches ou autres papiers sont remis à chaque commis, il fait à la marge un précis de chaque article. Lorsqu'il n'a point d'exposition à faire, il porte chacun de ces précis dans un livre blanc divisé par les vingt-quatre lettres de l'alphabet, en ayant soin de bien placer ces nottes au mot principal auquel elles ont rapport. Par exemple, un Ministre en Russie a parlé dans sa dépêche des travaux du port de Kerson ; on placera au mot *Kerson* : *Kerson travaux du port*, v. dépêches de M..... N°.... et la datte. Dans une autre dépêche, il parlera du nombre des habitants ; on mettra : *Kerson habitants, leur nombre*, v. dépêches de M.... N°.... et les dattes, et aussi des dépêches du ministre, des mémoires et nottes, en sorte que sur ce premier livre se trouve le dépouillement de tous les papiers, à mesure qu'ils arrivent, dans un ordre alphabétique imparfait.

Quand l'année est révolue, le commis revoit toutes ses nottes, les vérifie, ajoute celles des pièces venues postérieurement, et transporte le tout dans un ordre alphabétique exact sur un grand livre. En sorte qu'il n'y a rien dans une correspondance qu'on ne retrouve facilement au mot principal, et que soit sur les affaires, soit sur les personnes, on a dans le moment un abrégé de tout ce qui a été dit et l'indication de la dépêche où est le passage qui en traite.

Pour faciliter le travail et s'assurer que rien ne s'oublie, le chef a dans son cabinet des capsules étiquetées de chacun des pays dont il a la correspondance, avec le jour de la semaine où la poste part pour ces pays; il y met les papiers aussitôt qu'il a pris les ordres du ministre. Le commis chargé des papiers de chaque pays a aussi ordre de lui demander, la veille du départ de la poste pour tel ou tel pays, s'il n'a rien à expédier pour cette partie. Par ce moyen aucune affaire n'est oubliée.

Les lettres et mémoires auxquels il a été répondu sont mis à part par le chef, et une ou deux fois la semaine le plus ancien commis de chaque bureau vient les prendre pour les distribuer à chacun de ses confrères, selon qu'il en a la garde.

5.

Bureau des fonds.

Ce bureau est chargé des comptes du département, de l'achat des présents, de l'expédition des brevets, des passeports, des lettres de recommandations et des affaires relatives aux privilèges des ministres étrangers, à la police de Paris. Il y a un chef et cinq commis.

6.

Bureau du dépôt.

Le dépôt des affaires étrangères, qui était autrefois à Paris, a été depuis environ vingt ans transporté à Versailles, dans un bâtiment incombustible fait exprès, où les papiers occupent six grandes pièces décorées avec élégance et ornées des portraits de tous les souverains vivants.

La suite des correspondances y est complète depuis la paix de Vervins. C'est le plus beau recueil qui existe en ce genre. On en a permis quelquefois l'entrée aux historiens et ils y ont trouvé de quoi démentir bien des erreurs et établir bien des vérités.

Ce bureau a à sa tête un chef qui est le garde des papiers et qui a sous lui quatre commis.

Le travail de ce chef est de faire les recherches que le ministre lui demande sur les affaires dont l'origine est ancienne, sur les exemples applicables à telle ou telle circonstance, et d'en dresser des mémoires. Les commis sont occuppés à faire des tables des anciens volumes et un répertoire général.

Tous les ambassadeurs et ministres du Roy sont obligés de remettre leurs minutes à leur retour au bureau, et lorsqu'il meurt une personne qui a été employée dans la politique, le chef du dépôt se présente aux héritiers muni d'un ordre du Roy, pour retirer les papiers qui ont rapport au service de Sa Majesté.

Les doubles qui résultent de cet usage sont mis dans un magazin à part, en liasse.

Tous les deux ou trois ans on fait relier les papiers qui ont été versés au dépôt par les bureaux politiques, ce qui se fait sur la place même par un relieur assermenté.

Depuis quelque temps on a joint à ce bureau des ingénieurs géographes, savoir un chef et trois dessinateurs; ils sont occuppés à copier les cartes dont on a besoin et à faire une carte générale des frontières du royaume réduites à trois lignes pour cent toises, ouvrage superbe dont presque tous les matériaux sont prets. L'été on envoye ces ingénieurs sur la frontière lever les cantons dont on n'a pas des cartes assez exactes.

Le Roy ayant acheté la collection des cartes de M. Dauville, fameux géographe, on l'a placée dans le dépôt des affaires étrangères, et en réunissant ce qui s'y trouvoit déjà elle monte à 10 mille pièces tant imprimées que mss. qui s'augmentent tous les jours et rendent ce recueil infiniment précieux. On se propose d'en publier le catalogue.

Tel est l'ordre qui s'est établi successivement dans le département des Affaires étrangères et qui, étant le résultat de l'expérience de plusieurs siècles, paroit approcher de sa perfection.

Il ne manque plus que de réunir les quatre bureaux dans un même hôtel incombustible, où le ministre puisse demeurer. La disposition du château de Versailles ne le permettant pas, il faudroit se jetter sur les terreins qui avoisinent les ailes habitées par les ministres au nord. Mais comme ce seroit un objet de très grande dépense, il est à craindre que l'on ne s'y décide pas de sitôt.

Le département des Affaires étrangères et son « dépôt » furent bouleversés, à peu près détruits, pendant la Révolution. Talleyrand les a réédifiés successivement. Dès l'an V il travailla à les rétablir. Si tout d'abord cet évêque laïcisé, qui tant de fois en notre siècle a semblé le ministre nécessaire de nos rapports avec l'extérieur, avait fait sa loi des idées de Vergennes sur l'attitude que la France avait à prendre et à garder vis-à-vis de l'Europe, et s'il y manqua pour servir la politique de Napoléon, il se rappela avec plus de suite l'organisation que le ministre de Louis XVI avait imprimée à la maison. Il y resta fidèle. Il avait plusieurs fois recherché Hennin [1]; il utilisa sans doute la longue pratique de

1. F. Masson, *Le département des Affaires étrangères pendant la Révolution.*

l'ancien directeur. On ne se tromperait guère à supposer que, grâce à ce dernier, l'organisation si efficacement mise en œuvre par le comte de Vergennes servit de fond à Talleyrand, pour reconstituer l'instrument politique dans lequel les gouvernements qui se sont succédé depuis lui ont trouvé le plus utile auxiliaire.

IV

UNE PAGE D'HISTOIRE

Suivant le sort commun à presque tous ceux qui ont exercé le pouvoir et beaucoup fait en l'occupant, la mort du comte de Vergennes donna cours à un déploiement de malveillance pour sa mémoire. Dans les anciens partisans de Choiseul; dans un des ambassadeurs, Breteuil; dans Castries, ministre de la marine, Vergennes avait eu des adversaires dont il lui avait fallu se défendre à plusieurs reprises auprès du roi et repousser les attaques. Même en 1782, en plein moment décisif de l'entreprise d'Amérique, il avait été surtout menacé. C'est par un mémoire de sa main, adressé directement au roi, qu'une fois de plus il avait pu rasséréner alors l'horizon de la politique engagée par lui pour la France, politique qu'envieux ou adversaires lui rendaient presque aussi difficile que les choses en soi la faisaient[1]. Auprès de ces

---

[1]. Ce mémoire se trouve aux Affaires étrangères, MÉ-MOIRES ET DOCUMENTS, t. 446, n⁰⁸ 32 et 33, sous la rubrique : *Mémoire sur la politique extérieure de la France depuis 1774, adressé au roi par le comte de Vergennes.* Il est tout entier de la main du ministre. Rayneval peut paraître en avoir fourni le cadre, sous le titre de : *Résumé des opérations du ministère de M. le comte de Vergennes.* Dans ce cas, le ministre aurait seulement apporté à ce cadre des changements ou des additions jugées opportunes, notamment à la première page, dont la minute abandonnée occupe le n° 32 de ce tome 446. Ou bien le mémoire de Vergennes a été repris par Rayneval pour composer le *Résumé, etc.*, en 1788, date que porte l'expédition qui la lui attribue n° 10 du tome 584).

compétiteurs trop d'ambitions étaient groupées ; ils se croyaient beaucoup plus en droit que lui par leur rang de mener les affaires ; ils s'étaient vus forcés de trop attendre qu'il disparût ! Une fois parti, leur animosité refoulée se répandait en jugements aigres. Autour d'eux, d'ailleurs, le désir de prodiguer les flatteries à qui semblait devoir lui succéder portait à jeter sur son nom les inculpations injustes, appuyées des diffamations sans fond comme sans mesure qu'avaient répandues des libelles sortis des presses de Londres, à l'heure où il négociait la paix. Hennin avait été pour Vergennes plus qu'un auxiliaire ; à entendre les faussetés qui se colportaient, à lire celles qui étaient écrites, il s'émut de toute la chaleur d'une gratitude allant presque jusqu'à l'amitié. Il ne pouvait « se défendre d'être révolté », disait-il, il voulut faire entendre son témoignage. Dès le second mois après la mort du secrétaire d'État, en avril 1787, il avait jeté sur le papier un tableau de la vie politique de ce dernier. Le tableau est resté à l'état d'ébauche et n'a pas eu de publicité. La forme en est boursouflée par endroits, comme la mode du temps y prêtait, mais aussi par l'émotion de l'écrivain, et plus d'une de ses parties méritent qu'on les recueille.

« Je dis ce que j'ai vu, entendu, approfondi », écrivait tout d'abord Hennin, et il donnait avec raison pour garant de sa sincérité qu'aucun des héritiers de M. de Vergennes n'était « constitué en dignité à un tel degré que son sort à lui pût en dépendre ». Il ne ferait pas à sa nation

« l'injustice de croire qu'elle élevât un cri universel contre un ministre dont elle se glorifiait il y a un an ; une multitude de circonstances l'a mise dans le doute, elle n'a pas senti qu'elle étendait sur un ministre des mécontentements dont la cause lui était étrangère et qui n'auraient pas existé s'il eût vécu ». Ces attaques contre une mémoire objet à ce point de son attachement lui étaient obsession. « Au moindre instant de loisir, je suis forcé d'écrire pour propager s'il est possible les sentiments qu'il m'inspire », lit-on plus loin. « Quand même le peuple français en totalité aurait sanctionné une opinion fâcheuse pour M. le comte de Vergennes, ne serait-ce pas un devoir pour ceux qui l'ont approché, qui pendant une longue suite d'années ont été témoins de toutes ses actions, dépositaires de toutes ses pensées, de réclamer contre une erreur publique, d'opposer son véritable portrait à celui que les passions d'un moment auraient défiguré? » Hennin n'avait peur que d'une chose, c'est qu'on se fît mal l'idée de la difficulté qu'il trouvait à se restreindre, en situation comme il l'était d'avoir, beaucoup plus que d'autres, connu le ministre du roi.

L'histoire placera Vergennes aux côtés d'autres hommes publics qu'elle a raison d'appeler grands. On se fait l'idée de l'acrimonie que valait au secrétaire d'État son peu de naissance, de la part d'une cour obligée de le suivre au lieu de conduire comme sous le règne précédent, quand on lit cette indication de son origine à la première page du panégyrique écrit par Hennin : « Charles Gravier, comte de

« Vergennes, naquit à Dijon, d'une de ces
« familles qui sorties depuis plusieurs
« générations de la classe commune, méri-
« tent de devenir illustres par le soin
« qu'elles prennent de former dans leur
« sein des hommes capables de grandes
« choses à quelque état qu'ils se dévouent. »
Le comte de Vergennes, en effet, était
presque un roturier. Il descendait de juris-
tes, ce qui était un peu tout un, et quoi-
qu'il eût pu ajouter des titres de seigneu-
ries à son nom, son ministère ressembla
à celui d'une monarchie française moderne,
plutôt qu'à ceux auxquels cette cour était
habituée. Comment il se comportait dans
les occasions, si fréquentes, où pouvait se
trouver le ministre menant une aussi grosse
entreprise que la sienne, c'est-à-dire en
présence des opinions sans lumière expri-

mées devant lui, de plans sans portée qu'on venait lui soumettre, des pronostics contradictoires ou du blâme émis sur son système ou sur sa conduite par « des gens qui à peine ont lu une ou deux gazettes et entendu parler quelques amateurs de nouvelles, tandis qu'il a eu sous les yeux, lui, ministre d'une grande puissance, les rapports de trente correspondants, reçu des quatre coins de l'Europe des avis de tout ce qui se dit, s'écrit, se fait en politique, traité avec les ministres résidant auprès de son souverain, et qu'avec tant de moyens d'asseoir un jugement il est très souvent obligé de suspendre le sien », Hennin s'appliquait d'abord à dire cela, et l'on est à même de juger qu'il y avait guère de différence de ce temps-là au nôtre.

« M. le comte de Vergennes, écrit ce

« biographe qui avait tout vu de si près,
« ne pouvait pas échapper à cette ridicule
« censure dans ce siècle causeur, où tout
« le monde veut parler de tout. En général
« il n'y faisait pas attention; mais si quel-
« quefois des personnes dont il avait bonne
« opinion venaient lui faire d'elles-mêmes
« ou lui apporter d'après d'autres des
« observations mal fondées sur sa con-
« duite politique présente ou concernant
« l'avenir, il avait au plus haut degré l'art
« de les redresser sans compromettre son
« secret, l'assurant davantage par la ma-
« nière dont il les jetait dans de fausses
« voies. Je n'ai pas prétendu ajouter beau-
« coup à son éloge en remarquant cette
« particularité, puisque sa réserve natu-
« relle et la vie retirée qu'il menait le met-
« taient à l'abri de fréquentes attaques de

« ce genre. Mais comme les politiques par
« état qui se répandent dans le monde ne
« sont pas toujours en garde contre la pro-
« pension naturelle à défendre une bonne
« cause mal attaquée et finissent souvent
« par en trop dire, il ne m'a pas paru
« inutile de remarquer que ce n'est pas une
« chose si facile de dérouter les critiques
« ou les questionneurs, et qu'il y a un
« mérite à réduire l'erreur au silence sans
« compromettre la vérité. » Au sujet des
libelles, qui pullulaient grâce à ce qu'Hennin appelle une « oiseuse fécondité des écrivains politiques », et que l'on jugeait parfois nécessaire de réprimer, il ajoutait un peu plus loin : « M. le Cte de Vergennes
« avait pour règle de les mépriser. Plus
« ces écrits étaient marqués au coin de
« l'aigreur, plus il les trouvait ridicules;

« qu'ils l'atteignissent directement ou non,
« il les regardait du même œil. Il me repré-
« sentait dans ces occasions un obélisque
« que des enfants malins croient pouvoir
« renverser en égratignant la base avec des
« épingles. »

J'ai montré autre part combien le sens économique, la notion des intérêts commerciaux ainsi que des lois naturelles qui les dominent et qui les servent, furent, chez Vergennes, au niveau de l'esprit politique [1]. Il eut à en appliquer les données dans le détail, lorsque les fonctions de ministre du commerce, par succession de la charge qu'occupait auparavant Bertin, vinrent accroître la sienne et placer sous

---

1. *Histoire de la participation de la France à l'établissement des États-Unis d'Amérique*; 5 vol. in-4, Alph. Picard et fils, édit.

sa direction les plus importantes provinces de France, selon l'organisation administrative d'alors. A cet égard Hennin a consigné les particularités suivantes; l'histoire de l'économie dans l'ancienne France commande de ne point les laisser perdues dans son manuscrit :

« A la retraite de M. Bertin, en 1779, M. le
« comte de Vergennes se trouva par cir-
« constance dans le cas de se charger du
« département des Provinces que ce mi-
« nistre avait administrées. Il ne sentit
« pas d'abord toute l'étendue de ce sur-
« croît de travail. Nous le vîmes avec
« peine réduit à l'impossibilité de jouir
« d'aucun délassement et nous cher-
« châmes à l'engager à prier le roi de
« conférer ces Provinces à un des trois
« autres secrétaires d'État ou à laisser

« subsister la charge qui avait été créée
« par M. Bertin. Il ne crut pas devoir
« surcharger les ministres de la guerre
« et de la marine, dans le temps où la
« guerre était dans sa plus grande acti-
« vité ; et quant à la charge qui se trou-
« vait supprimée, c'était une économie
« qu'il se fit un devoir de ne pas con-
« trarier. Combien de fois ne nous a-t-il
« pas témoigné que les affaires des Pro-
« vinces non seulement étaient très pé-
« nibles pour lui, mais même que les
« minuties qui en faisaient la plus grande
« partie le dégoûtaient en proportion de
« l'importance des opérations politiques
« dont il était occupé. Il en était réelle-
« ment peiné. Néanmoins jamais il n'a
« négligé de lire aucune lettre relative à
« ces affaires, de les examiner ainsi que les

« mémoires, et, suivant en ce point son
« caractère exact comme en tout autre,
« il ne laissait rien languir et portait la
« même attention aux intérêts d'une petite
« ville ou d'un particulier qu'à ceux de
« l'État dans les époques les plus remar-
« quables.

« Parmi les Provinces dont M. le comte
« de Vergennes était chargé, on comptait
« celles où se trouvent les principales villes
« commerçantes du royaume, Lyon, Bor-
« deaux, Rouen. Avec quel soin il étudiait
« tous les moyens de les faire prospérer !
« Quel ordre ne s'efforçait-il pas d'intro-
« duire dans toutes les parties de leur
« administration et combien de choses
« utiles n'a-t-il pas établies ou perfection-
« nées !

« Lyon lui doit l'exécution presque

« totale d'un projet dont sa persévérance
« seule pouvait faire disparaître les obsta-
« cles et qui, par sa grandeur et son
« utilité, fera époque dans le règne du
« roi. Il parvint à déplacer la douane de
« cette ville pour la transporter dans un
« lieu plus favorable au commerce. Mais
« ce qui mérite bien plus d'éloges et qui
« sans doute attirera sur M. de Vergennes
« la bénédiction de la race future, c'est
« le soin qu'il a pris de maintenir le
« calme dans cette grande ville et de faire
« disparaître par les plus sages règlements
« les sujets de ses fréquentes divisions.

« Bordeaux se rappellera aussi avec
« reconnaissance tout ce qu'il a fait pour
« accroître son commerce et pour l'em-
« bellir. »

Vergennes avait été élevé aux jésuites

de Dijon. Le temps qu'il passa sous leurs leçons avait-il imprimé à son caractère ou à son esprit une marque dont les faits qu'il gouverna se soient ressentis, dont par suite l'histoire puisse lui faire un reproche? Il n'en est rien. Hennin, qui fut de la « philosophie », lui, rend à cet égard un témoignage positif, et toutes les circonstances l'ont justifié. Le ministre se fit voir chrétien fidèle, mais politique absolument libre dans toute l'étendue que le moment ou l'objet demandait. Dans sa correspondance avec notre ambassadeur à Madrid, il y a des réprobations très vives à propos du retour de l'inquisition en Espagne. Hennin parle donc ici en toute vérité. On apprend de lui, bien plus, un point d'histoire ignoré jusqu'à présent, c'est que si Louis XVI fut amené à rendre l'état civil aux protestants, ce fut par Vergennes. Cette grande mesure dont d'autres que ce dernier sont loués, c'est lui qui l'avait inspirée, préparée. Et probablement l'intimité dans laquelle il reçut chez lui La Fayette, revenu d'Amérique amoureux de liberté morale autant que de liberté politique, ne fut pas sans donner au jeune marquis destiné à devenir, sous sa qualité de chef des gardes nationales de France, le premier ministre, à vrai dire, de la future monarchie parlementaire, l'idée de concevoir et d'effectuer, en vue du grand acte d'évolution religieuse souhaité par le conseiller du roi, le voyage qu'il fit pour en susciter l'espérance dans le midi de la France, où la religion réformée avait tant de peine à s'abriter. Le morceau d'Hennin sur ce côté de la politique de

Vergennes à l'intérieur est à faire connaître et à retenir :

« ... Depuis que j'ai été à portée d'obser-
« ver M. de Vergennes, je l'ai toujours vu
« occupé de chercher le bien de l'État
« par les voies les plus simples. Le carac-
« tère de son esprit, exact et solide, le
« dirigeait dans le choix des moyens et
« l'arrêtait au point juste au delà duquel
« la meilleure chose pouvait offrir des
« inconvénients. Religieux par conviction,
« il était incapable de se laisser entraîner
« en rien au delà du devoir d'un chrétien
« soumis. Ni l'éducation qu'il avait reçue
« chez les Jésuites, ni le souvenir de
« l'importance qui se mettait encore aux
« disputes théologiques dans le temps de
« sa jeunesse, n'avaient pu l'entraîner
« dans aucun parti. Quelqu'eussent été

« ses sentiments particuliers, il eût sou-
« tenu la religion catholique parce que
« c'était celle de l'État, respecté le pape
« comme chef de l'Église, travaillé à
« maintenir autant qu'il eût été en lui
« les institutions anciennes. Il était en
« garde contre tout le monde sur ce point,
« parce qu'il voyait que le christianisme,
« l'irréligion, le tolérantisme même ont
« leurs fanatiques. Rome avait confiance en
« lui et savait cependant très bien qu'il
« était fort éloigné de favoriser ses anti-
« ques penchants. Le clergé le comptait au
« nombre des hommes pieux, mais n'osait
« lui proposer rien qui tendît à mettre
« l'autel au niveau du trône.

« Par cette position, assez rare dans un
« homme d'État qui a souvent eu besoin
« d'écarter les barrières pour s'élever,

« M. de Vergennes se trouvait pour ainsi
« dire appelé à réparer l'erreur dont la
« France a tant souffert. Erreur que
« Louis XIV, qui l'avait sanctionnée si
« cruellement, avait entrevue et sur laquelle
« des passions étrangères à son grand
« caractère l'avaient empêché de revenir.
« On voit bien que je veux parler de la
« révocation de l'Édit de Nantes. M. le
« comte de Vergennes n'a jamais varié sur
« la nécessité de remédier à cette funeste
« détermination. Plusieurs fois, il s'est cru
« sur le point d'avoir triomphé de tous les
« obstacles. Il avait tellement à cœur de
« procurer l'état civil aux non-catholiques,
« que je ne crains pas de dire qu'il mani-
« festait la plus mauvaise opinion de l'es-
« prit de ceux qui s'y opposaient, et plus
« mauvaise encore du cœur de ceux qu'il

« voyait se remuer pour contrarier les
« vues sages et paternelles du roi à cet
« égard. Il ne concevait pas qu'on pût être
« chrétien et Français sans désirer que
« cette portion considérable de nos compa-
« triotes, des sujets du même monarque,
« cessât de n'avoir à opter qu'entre des
« gênes humiliantes ou l'expatriation. Je
« suis bien éloigné de vouloir rien diminuer
« de la gloire de ceux qui ont déterminé
« le roi à exécuter ce saint et patriotique
« projet qui rendra son règne mémorable,
« mais je ne dissimulerai pas que sans
« M. le comte de Vergennes il eût peut-
« être fallu encore vingt ans pour qu'ils
« eussent pu y réussir. Il n'a pas joui du
« fruit de ses sollicitudes patriotiques à cet
« égard, mais si Dieu assure aux gens de
« bien les récompenses les plus analogues

« aux vertus qui les ont distingués pen-
« dant leur vie, celui qui a préparé le
« bonheur de trois millions de Français
« n'est pas privé de la satisfaction de bénir
« avec nous le prince qu'il avait disposé à
« cette précieuse révolution. »

Hennin en vient à préciser, après cela, l'esprit qui dirigea Vergennes en tant qu'ambassadeur et que ministre. Il ne parle pas autrement qu'on ne l'entendait alors de la bouche de tout le monde, sur la longue ambassade du comte à Constantinople. Tout le monde, à sa date, en connaissait exactement le caractère. Les effets en étaient jugés sans divergence. L'improbation que Choiseul avait cru en faire en rappelant l'ambassadeur, profitait au contraire à celui-ci. Au sujet de cette période de la carrière du ministre, Hennin écrit donc avec une incontestable authenticité :

« Je ne suivrai point tous les détails des
« travaux de M. le comte de Vergennes,
« de toutes ses négociations pendant quinze
« ans de son séjour à Constantinople. C'est
« la partie de sa vie dans laquelle l'opinion
« publique a été le plus d'accord. Il a
« montré dans ce poste une application
« rare, une activité soutenue. Il y a acquis
« l'estime des Turcs et le respect des Fran-
« çais. Par ses sages directions la Porte
« a toujours eu la plus grande confiance
« dans l'amitié de la France. Notre com-
« merce a prospéré. Il s'est offert pendant
« cette ambassade des circonstances très
« fâcheuses pour notre crédit, celle entre
« autres où nous fîmes alliance avec les
« deux cours de Vienne et de Russie.

« Quand on connaît les Turcs on sait com-
« bien un pareil événement devait leur
« déplaire et le peu de moyens qu'un
« ambassadeur avait de les rassurer sur les
« suites. M. le Cte de Vergennes pourvut
« à tout. La confiance du Divan ne fut
« point altérée, et lorsque quelques années
« après il fut autorisé à mettre les Turcs en
« jeu pour la guerre à laquelle les affaires
« de Pologne donnèrent lieu, il fit exécuter
« ses ordres sans se compromettre, sans se
« rendre garant de l'événement, qui fut tel
« qu'il l'avait prévu. »

Pour l'histoire de nos rapports avec la république de Hollande entre 1783 et 1791, il faut recueillir ce qui suit. Des écrivains, faute d'avoir ouvert les documents de nos archives, ont accusé Vergennes de peu de soutien, presque d'abandon des Hollandais

dans la paix de 1783 et après. Hennin fut le témoin spécial de ces circonstances. La correspondance du ministre avec les Provinces-Unies le regardait. C'est dans une conformité bien établie avec les faits, que le panégyriste affirme tout l'opposé des appréciations portées depuis : « Il est sans
« doute permis en politique, écrit-il, de
« laisser croire qu'on a dirigé de loin, par
« de profondes méditations et par toutes
« les ressources de l'art, une révolution
« dont on tire le principal avantage. Aussi
« n'ai-je garde de reprocher à aucun des
« ministres anglais de s'attribuer la gloire
« de cet événement. Peu nous importe de
« savoir aujourd'hui par qui l'édifice de la
« liberté batave a été renversé. Mais je dirai
« que tant que M. le comte de Vergennes a
« vécu, tous les moyens que l'Angleterre a

« employés pour regagner la prééminence
« en Hollande ont été infructueux ; que la
« marche qu'il s'était prescrite aurait con-
« solidé un système convenable aux inté-
« rêts de la France et dont l'utilité pour la
« République était démontrée, sans la réso-
« lution subite du roi de Prusse. Résolution
« dont la nécessité était nulle pour la gran-
« deur de la maison de Brandebourg et
« dont les conséquences peuvent ne pas
« l'être. »

Les principes de désintéressement et de justice internationale que pratiqua le comte de Vergennes envers les autres puissances, et qu'il pratiqua par système encore qu'ils fussent de nature en lui, sont si clairement et si fermement exprimés dans nombre de dépêches de sa main ; sa correspondance relative à n'importe laquelle des affaires nées sous son ministère ou engagées par lui les rend si évidents, que l'histoire n'apprendrait rien à cet égard du panégyrique d'Hennin, n'était que ce dernier avait pour ainsi dire entendu le ministre penser. Il avait reçu directement ses impressions et ses dictées, connu l'intimité de son esprit. A cause de cela, pour les futurs biographes du comte, vraiment premier ministre treize années (car même M. de Maurepas l'étant de droit c'est lui qui agissait) l'écrit d'Hennin est une pièce essentielle. Je n'en savais par l'existence quand j'ai eu à parler des sentiments de M. de Vergennes et de lord Shelburne l'un pour l'autre, à propos des négociations de la paix avec l'Angleterre [1]. Ce n'est pas sans

---

[1]. J'ai dû, en 1893 seulement, la connaissance des papiers de Hennin à l'obligeant et si empressé biblio-

une satisfaction réelle que j'ai vu un témoignage, venu d'aussi près, confirmer après coup mes impressions. J'ai trouvé sous la plume de l'ancien premier commis pour le Nord ces indications, par lesquelles il a clos son projet de notice sur son ministre, par lui infiniment regretté. Elles retracent exactement l'homme d'État que fut ce dernier, elles le résument devant l'histoire. On y lit, qui plus est, une prédiction que les faits semblent actuellement vérifier, et d'autres aussi, malheureusement réalisées :

« La politique de M. le comte de Ver-
« gennes était fondée sur une profonde
« connaissance de l'Europe, des intérêts
« généraux de la France et de son état

---

thécaire de l'Institut, Ludovic Lalanne, qui vient de mourir après une longue vie de curieux littéraire et de fureteur de l'histoire.

« actuel. Aucune fausse idée d'agrandisse-
« ment et de gloire ne pouvait ébranler
« ses principes. Il se regardait comme le
« ministre du roi chargé du bonheur du
« monde, et il était convaincu que son
« maître, pour occuper la première place
« parmi les souverains, n'avait besoin que
« de sagesse et de vigilance. Aussi rejetait-
« il comme de dangereuses chimères tous
« les projets qui tendaient à étendre les
« frontières de la France. Il les combattait
« par l'exemple des dernières guerres, qui
« ont ruiné plusieurs puissances sans faire
« changer une province de maître, qui ont
« aggravé les maux de plusieurs des
« nations sans accroître en rien d'essentiel
« leurs rapports, et si on lui citait la révo-
« lution d'Amérique, à laquelle il avait été
« forcé de contribuer, il la mettait hors de

« ligne, prétendant que c'était encore un
« problème de savoir si quelqu'un avait
« gagné ou perdu à ce changement, si ce
« n'étaient les Américains, qui, devenus
« avec le temps une roue de plus dans la
« machine politique, ne contribueraient
« vraisemblablement pas à rendre ses
« mouvements plus faciles.

« Son attention était perpétuellement
« fixée sur le maintien de l'intégrité des
« propriétés de toutes les puissances dans
« l'état actuel. Il ne voyait pas naître une
« prétention sur le plus petit district, un
« projet de partage de la moindre succes-
« sion, sans mettre au rang de ses premiers
« devoirs de faire avorter ces projets. Il
« attaquait d'abord ceux qui paraissaient
« s'en occuper, pour les en détourner en
« leur présentant les obstacles qu'ils

« devaient éprouver et leur faisant sentir
« la chaîne qui liait le plus petit village à
« l'ensemble des possessions de l'univers.
« Il tâchait ensuite d'éveiller l'attention
« des parties intéressées sur un projet,
« sans les inquiéter, sans les aigrir, res-
« treignant son impulsion au degré de
« force nécessaire pour que le possesseur
« se tînt sur ses gardes et que le spécu-
« lateur ne vînt pas jusqu'à se faire un
« point d'honneur d'acquérir.

« Ce qu'il pratiquait à cet égard, il tâ-
« chait de l'inspirer à toutes les puissances
« qui lui montraient de la confiance. On
« le connaissait ennemi des nouveautés,
« on ne lui en proposait pas, on l'avertis-
« sait s'il s'en proposait. Les petits États
« le regardaient comme leur bouclier, les
« grandes puissances étaient assurées que

« tant qu'il serait à la tête des affaires
« la France n'épouserait aucune petite
« querelle, ne se jetterait dans aucune en-
« treprise qui tendît à troubler l'Europe,
« ne formerait aucun projet alarmant.
« Les anciennes préventions contre nous
« s'étaient évanouies. Il s'était établi une
« heureuse sécurité dans le monde poli-
« tique. Un seul homme avait opéré ce
« changement.

« Et qu'on ne croye pas que cette façon
« de penser devenue générale fût le fruit
« d'une adresse, d'une dissimulation habi-
« tuelle, de la part de ce ministre mal
« connu. La finesse a sans doute des moyens
« d'influer sur l'opinion, ou du moins de
« jeter dans le doute, et M. le comte de Ver-
« gennes n'en était sûrement pas dénué ;
« mais elle n'aura jamais que des demi-

« succès, à quelque point qu'elle soit
« portée, et encore seulement pour des
« objets particuliers, surtout de la part
« d'un ministre aussi en vue que celui de
« France. M. le comte de Vergennes per-
« suadait de sa modération parce qu'elle
« était dans son cœur et dans son esprit.
« On le croyait parce qu'on le connaissait
« vrai. »

Et combien, depuis lors, les choses ont donné de prix à ces dernières lignes :

« Nous l'avons vu dans des moments où
« tout autre, peut-être, se serait laissé
« entraîner à l'espérance de grandes
« acquisitions. Lorsqu'on lui en faisait
« entrevoir les possibilités il disait : « Je
« pourrais annihiler l'Angleterre que je
« m'en garderais comme de la plus grande
« des extravagances : mais il n'y a rien que

« je ne fisse pour faire changer sa poli-
« tique jalouse, qui fait notre malheur et
« le sien, qui bien approfondie n'est qu'une
« duperie. Depuis cent cinquante ans nous
« nous ruinons pour enrichir l'Europe,
« pour fortifier des puissances dont nous
« n'avions rien à craindre ou en créer de
« nouvelles. Il en résulte que nous dimi-
« nuons de poids à mesure que les autres
« s'accroissent et que nous finirons par
« avoir des égaux, tandis qu'il eût peut-
« être fallu dix siècles pour nous en
« donner.

« Ce sentiment, sur lequel le comte de
« Vergennes revenait souvent parce qu'il
« en était sincèrement affecté, lui avait
« inspiré une amitié réelle pour le lord
« Shelburne, aujourd'hui le Mis de Lands-
« down, qui de tous les Anglais lui parais-

« sait celui qui était le plus près de penser
« comme lui sur la politique convenable
« aux deux nations. Il écoutait avec intérêt
« ce qu'on lui rapportait des opinions de
« cet homme d'État, et quelquefois il
« s'arrêtait avec complaisance sur le bien
« que pourraient faire les ministres de
« deux grandes puissances, si, animés d'un
« esprit de paix et dénués de tous pré-
« jugés, ils pouvaient exercer pleinement
« l'empire de la raison sur leurs compa-
« triotes, les convaincre pour toujours que
« leur haine réciproque est la plus funeste
« des erreurs et que la nature, la politique,
« leurs besoins, leur considération deman-
« deraient au contraire qu'ils fussent im-
« muablement amis. . . . . » Sur quoi
l'écrivain ajoutait : « Si cette idée ne doit
« jamais être qu'une chimère que mille

« causes empêcheront de se réaliser, c'est
« du moins le songe d'un homme de bien,
« d'un politique vertueux qui a approfondi
« le prix d'un système d'antipathie entre
« les deux nations que tant de ministres
« se sont glorifiés de suivre, et qui s'est
« senti le courage de le renverser dès qu'il
« en a reconnu la fausseté. »

Le songe d'un homme de bien! Hennin exprimait le vœu que la France et l'Angleterre eussent encore des hommes capables de s'en pénétrer comme d'une vérité, et que « la Providence les mît à portée « de se tendre la main pour y dresser les « faits ». On sait amplement à quel point l'événement fut tout autre et bientôt. Peu de Français, sinon même aucun, pouvaient alors supposer que ce rêve, devenu un moment la réalité, fût si vite suivi d'un

réveil aussi différent. Dans les choses
d'ordre politique, les souhaits sont formés
bien vainement, même quand tout semble
près de les exaucer.

V

PAPIERS DE HENNIN
POUVANT SERVIR A L'HISTOIRE

CORRESPONDANCE

Correspondance de M. Hennin, résident de France près la reine de Pologne, avec M. Rouillé, ministre des affaires étrangères (1756-1757) : Bibliothèque de l'Institut, Y, 119, E*.

Correspondance politique de M. le Cte de Broglie, ambassadeur de France en Pologne et de M. Hennin, résident de France près la reine de Pologne, avec la Cour et divers ministres (1752 à 1758), Y, 119, E*.

Correspondance de M. Hennin avec M. l'abbé **Betanski**, in-f°, Y, 119, E**.

Id., avec M. Durand, résident à Varsovie, 1756, Y, 119, E*.

Id., avec M. Paris de Montmartel, Y, 119, E*.

Id., avec M. d'Havrincourt, ambassadeur de France en Suède (1756, 1757, 1758).

Id., avec la Cour et divers ministres, 1762 à 1764, in-f°, Y, 119, E**.

Id., avec la Cour, 1762, 1763, 1764.

Id., avec le ministre des Aff. étrangères, 1762 et 1763.

Journal de Varsovie, commençant le 1er de mai 1764.

Correspondance avec le M¹ˢ de Paulmy, ambas. de France en Pologne, 1762, 1763, 1764.

Id., avec les Bourguemestres et conseillers de la ville d'Elbing.

Id., avec M. le chevalier de Vergennes, ambassadeur à Constantinople (1763-1764).

Id., avec le Prince de Moldavie et ses agens et autres personnes employées en Turquie et en Moldavie, 1763-1764.

Id., avec M. le baron de Breteuil, ambassadeur en Suède, 1763-1764.

Id., avec M. Bérenger, ministre de France à St-Pétersbourg (1763-1764).

Id., avec M. Dumont, chargé d'affaires de France à Danzig (1763-1764).

Correspondance politique de M. Hennin, résident de France à Genève, avec la Cour et divers ministres, officiers généraux et pièces relatives, 1765-1778, in-f°, Y, 73.

(La correspondance avec Voltaire, pendant la résidence d'Hennin à Genève, a été publiée par son fils en 1825. Un exemplaire s'en trouve à la bibliothèque de l'Institut (R. 408^d) —.) Le fils de Pierre-Michel Hennin a publié, lui, plusieurs ouvrages, notamment sur les monnaies françaises.

Les manuscrits précédents forment dans cette bibliothèque 29 portefeuilles in-4°, sous la cote R. 99^. Dans le même ordre de matière sont les pièces ci-après :

Récit de la disgrâce de Tercier (Janvier 1758), sous l'in-f° R. 63^.

Mémoire adressé à M. le Prince Jablowowski, Palatin de Novogorod (5 janvier 1762).

Copie de l'instruction donnée par le Cte de Broglie au Sr Hennin, pour la direction de sa conduite pendant le temps qu'il aura l'honneur de rester chargé des affaires du roi près S. M. la reine de Pologne à Dresde, in-f°, Y, 119, E*.

MANUSCRITS DIVERS ET POLITIQUE

(Portefeuille in-f°, L. 42{A}.)

Extrait des papiers de la Correspondance de M. Daubigny et de M. le M{is} des Issarts (1746).

Négociation de M. le Cte des Alleux à Dresde en 1741, pour le partage des biens de la succession de Charles VI entre les électeurs de Bavière et de Saxe (transportée ensuite à Francfort et terminée par le M{al} de Belle-Isle); extrait des dépêches de MM. des Alleux et de la Cour.

Au Conseil de MM. de Genève sur le maintien de l'acte de 1738.

Manifeste portant déclaration de guerre contre le roi de la Grande-Bretagne (Projet).

Lettre à M. Camus, du 20 sept. 1790, jointe à des réflexions sur le travail des officiers et employés du département des Affaires étrangères.

Système de guerre contre l'Angleterre, 20 juin 1778.

Instructions, dépêches et autres pièces politiques en projet, qui n'ont pas été expédiées ou dans lesquelles il a été fait des changements : Gênes, 1791. — Rome et Avignon, 1790-1791. — Russie, 1778-1791. — Suède, 1770-1791. — Suisse, 1784-1791. — Turquie, 1788-1790.

Lettres du ministère des Affaires étrangères sur divers sujets.

DIVERS OPUSCULES EN PROSE

(Portefeuille, in-f°, R. 63ⁿ.)

Mémoires pour l'académie celtique.

Le Bonhomme, ouvrage politique, économique, 1769.

Langues, article de DICTIONNAIRE, 1773.

Idée de la manière dont on pourrait imprimer des tableaux.

Livre sur les arts, par un amateur.

Rapport fait à l'académie celtique, le 6 sept. 1765 par MM. Fortia d'Herbaut et Hennin père sur le *Manuel interprète de correspondance* de

M. de Cambry (un autre exemplaire existe sous la cote AA. 683ᴬ).

Vues politiques et économiques.

Projet sur la manière la plus avantageuse pour la République et ses créanciers de payer les intérêts de la dette publique et d'en rembourser le capital, et correspondance relative audit projet.

Projet de banque pour acquitter les dettes de l'État.

Comparaison des voyages en Égypte par Harden et Focock, trad. de l'anglais.

Moyen d'avoir une monnaie d'or très belle, qui ne coûterait rien à l'État et contribuerait à son utilité et à sa gloire.

Pensées sur la richesse et la pauvreté de la Suède.

Discours latin fait pour être adressé au Pape par un des chefs de la manufacture des glaces (février 1805).

Nouvelle manière de faire la moisson.

Relation d'un voyage aux glaciers de la Savoie en l'année 1741, par M. Windam.

Voyage aux glaciers du Francigny ; questions posées par un curieux à ceux qui ont fait le voyage des glaciers ; réponse des voyageurs aux questions précédentes.

État des tombeaux dans l'église de l'abbaye de St-Denis, au 8 juillet 1798 (20 messidor an VI de la République française), dressé par Pierre-Augustin de Milly, amateur (copie sur l'original).

Arrêtés, avis motivés et résultats du bureau de Mgr le Comte d'Artois sur les mémoires de la 1re et de la 2e division du travail de l'Assemblée des notables terminé en 1787.

Relation véritable contenant tout ce qui fut fait et dit et observé en la présentation et réception de l'ordre dit de la *Jarretière* au roi très chrétien de France (Henri 3e de ce nom), en février 1585.

Dissertation sur un Antique, ou disque d'Argent, trouvé près de Genève en 1721.

Copie de la lettre de M. Dalberg, Stathouder d'Erfort, à M. d'Aussa de Villoison.

AUTRES PIÈCES OU NOTES

Recherches sur les États-Généraux, L. III, B**.

Recherches sur les inscriptions antiques, R. 63ᵃ*.

Mémoires sur les voyages de l'Empereur Hadrien, S. 10ᵉ.

Suivent les manuscrits d'une douzaine de petits romans ou nouvelles en prose et d'opuscules en vers. Ils ne serviraient probablement guère à l'histoire littéraire ; ils sont étrangers à l'histoire politique.

TABLE

Préambule 1
  I. — La politique secrète........................ 7
 II. — Carrières et vicissitudes................. 15
III. — Au département des Affaires étrangères...... 37
 IV. — Une page d'histoire........................ 71
  V. — Les papiers de Hennin...................... 109

Coulommiers. — Imp. PAUL BRODARD. — 402-98.

www.ingramcontent.com/pod-product-compliance
Lightning Source LLC
Chambersburg PA
CBHW070513100426
42743CB00010B/1822